KB166030

＊감수인

이 책은 인류가 발달하는 과정과 세계의 운동 전체를 거시적이고 넓은 시각에서 체계적으로 보여주고 있다. 서로 다르고 복잡해 보이는 사건들이 하나의 맥락을 갖고 연결되어 있다는 사실과 의미를 이야기 형식으로 서술하여 쉽게 파악할 수 있다. 학습효과를 위하여 단계적으로 이해해가는 형식을 취했고, 단원마다 요점들을 정리하여 서술하였다. 또한, 사실을 확신시키고 흥미를 높이기 위해 다양한 자료들, 현장 사진들, 삽화, 그리고 극화까지 활용하였다. 세계문화의 백과사전 같은 가치를 지녀서 성인들이 학습하기에도 손색이 없다. 청소년들이 머지않아 현재로서 맞이할 미래를 위해 이 책이 의미 있는 길잡이가 되길 바란다.

윤명철 (동국대학교 교수. 역사학자)

＊일러두기

• 맞춤법과 띄어쓰기는 국립국어원에서 펴낸 〈표준국어대사전〉을 기준으로 삼았습니다. 다만, 역사 용어의 표기와 띄어쓰기는 교육과학기술부에서 펴낸 〈교과서 편수 자료〉와 중학교 국사 교과서를 따랐습니다.
• 외국 인명과 지명은 〈외국어 표기 용례집〉을 따랐습니다.
• 〈세계사 이야기〉의 내용이나 체재는 2011년에 새로 나온 초등학교 교과서를 기본으로 하여 편집하였습니다. 맞춤법이나 표기도 최종적으로는 초등학교 교과서에 맞추었습니다.

노르웨이 오슬로

우리 땅 넓은 땅
세계사 이야기 30

발전하는 현대 사회

펴 낸 이 : 이재홍
펴 낸 곳 : 도서출판 세종
등록번호 : 제18-79호
대표전화 : 02)851-6149. 866-2003
F A X : 02)856-1400
주 소 : 경기도 광명시 가학동 786-4호
공 급 처 : 한국가우스 | 등록번호 제18-147호
고객상담전화 : 080-320-2003
웹사이트 : WWW.koreagauss.com

※잘못 만들어진 책은 교환해 드립니다.

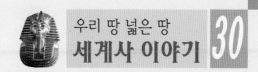

우리 땅 넓은 땅
세계사 이야기 30

발전하는 현대 사회

글 한국역사교육연구회 ■ 추천 파랑새 열린학교 · 한국역사사관학교
감수 윤명철 (동국대학교 교수 · 역사학자)

한국가우스

역사를 올바로 보는 눈

세계의 역사는 우리 인류가 걸어온 발자취입니다.

어제 일어난 여러 사실들은 역사가의 평가와 시각에 의하여 역사적 사실로 재발견되고, 그 의미가 새롭게 밝혀져 역사로 기록됩니다.

이것을 통하여 오늘의 우리는 어제의 역사와 만나게 되고 우리가 살지 않았던 어제를 생생하게 체험하며, 그 올바른 의미를 물려받게 됩니다.

역사는 오늘의 삶을 비추어 주는 거울이며 내일을 바라볼 수 있는 창이기도 합니다.

때문에, 역사 서술은 치우침이 없고 엄격해야 합니다.

우리는 그러한 역사를 공부함으로써 우리 자신과 오늘의 현실을 객관적으로 바라보고, 또 비판할 수 있는 힘을 기르게 됩니다. 역사를 배우는 중요한 목표는 자신을 스스로 깨닫게 하는 데에 있다고 합니다.

한편, 역사는 단순한 어제가 아니라 살아 있는 어제여야 한다고 말합니다. 이것은, 역사가 단순히 어제의 사실을 알려 주는 것만이 아니고 오늘의 우리에게 교훈이 되고, 오늘의 문제를 해결할 수 있는 슬기가 되어야 한다는 뜻을 담고 있습니다.

이는 곧 우리가 왜 역사를 배워야 하는지를 말하는 것이기도 합니다. 한국인으로서의 정체성과 함께 다른 문화와 국가에 대한 이해가 있어야만 이 지구촌의 시대를 살아갈 수 있기 때문에 특히 세계사는 중요합니다.

한국인으로서 정체성은 한국사뿐만 아니라 세계사를 함께 배울 때 온전히 형성될 수 있습니다.

우리 어린이는 이러한 역사 인식으로 세계사를 사랑할 뿐 아니라, 인류의 번영, 그리고 새로운 세계의 건설에 이바지하는 '올바른 역사관'을 가진 세계인이 되도록 힘써야 할 것입니다.

한국역사교육연구회

네덜란드의 전쟁 위령탑

차 례

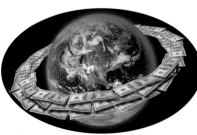

세계사 부록

제2차 세계 대전 후의 미·소 양 진영의 양극화 현상은 1960년대를 넘어서면서 다극화로 서서히 변모되어 갔습니다. 스탈린을 계승한 흐루시초프가 평화 공존 정책을 취함에 따라, 미·소 관계는 점차 긴장 완화의 시대로 들어섰습니다.

그러나 평화 공존의 시대에도 쿠바 위기, 베트남 전쟁의 확대, 소련의 체코슬로바키아 침공 등 문제가 발생하였고, 중국과 소련의 국경과 이념을 둘러싼 대립이 표면화되었습니다. 또한, 미국과 프랑스의 관계가 악화되기도 했습니다.

이 시기에 아랍 산유국들은 석유 수출국 기구를 결성하고 석유 공급을 대폭 삭감하는 조치를 취하여, 자원 민족주의가 대두하는 계기를 초래하였습니다.

공산주의의 상징인 소련의 수도 모스크바의 크렘린 궁전

유럽 통합과 국제 정치의 다극화

미국 뉴욕 자유의 여신상

제2차 세계 대전 후, 국제 정치는 오랫동안 미국과 소련을 중심으로 하는 양대 진영의 대립 형태를 띠고 있었습니다.

그러다가 1960년대에 들어서면서부터 중국과 소련이 대립하는 양상이 나타났고, 미국에 대한 프랑스와 영국의 자주성이 높아졌습니다.

이에 따라 사회주의 국가와 자본주의 국가는, 모두 구심점이 약화된 상태에서 각각 몇 갈래로 갈라지게 되었습니다.

　　또, 예전에는 첨예하게 대립하던 미국과 소련 사이에도 점차 협력 분위기가 싹트기 시작하였는데, 부분적 핵실험 금지 조약이 체결된 것도 그 한 가지 예입니다.

＊비동맹 정상 회담
　1961년 제1회 비동맹 정상 회담이 28개국이 참가한 가운데 유고슬라비아의 베오그라드에서 열렸다. 이것은 미·소 양국과 어떠한 군사 동맹도 체결하지 않은 국가들의 회의였다.

중거리 핵전력 폐기 조약 조인식의 레이건 미국 대통령(오른쪽)과 소련의 고르바초프

쿠바 혁명 광장의 체 게바라상

그러나 평화 공존의 시대에도 쿠바 위기, 베트남 전쟁의 확대, 소련의 체코슬로바키아 침공 등이 발생하였고, 중국과 소련의 국경과 이념을 둘러싼 대립이 표면화되었습니다.

반면에 미국과 프랑스의 관계가 악화되어 다극화의 경향이 두드러졌습니다.

연설하는 프랑스의 드골 대통령

골든벨 상식

베트남 전쟁

 남베트남 민족 해방 전선은 남베트남 정부군과 전투를 계속 벌였고, 북베트남군도 역시 남베트남을 계속 공격하였다. 그리고 소련과 중국은 무기를 보내 북베트남을 지원하였다.

 미국은 1965년부터 남베트남 정부에 대한 원조를 강화하여 남베트남에 군대를 파견하는 등 지원책을 폈다. 그래서 전쟁은 미군과 남베트남 정부군 대 남베트남 민족 해방 전선과 북베트남군의 국제 전쟁으로 확대되었다.

 한편, 이때 우리나라와 오스트레일리아는 미국의 요구를 받아들여 군대를 파견하였다.

 1965년, 미국은 북위 17도선을 넘어서 북베트남 지역에 대한 폭격을 시작하고 군대를 증파하였지만, 북베트남군을 굴복시키지 못하였다. 미국의 베트남전 참가와 북베트남 폭격은 전 세계의 비난을 받았다. 1968년에 미국은 북베트남 폭격을 중지하고 파리에서 평화 회의를 개최하였다.

 미국 내부에서도 전사자가 증가함에 따라 전쟁을 반대하는 여론이 거세게 일어났다. 미국은 이러한 국내의 반대 여론에 밀려서 베트남 주둔 미군을 감축하기 시작했다. 그러나 1971년에 북베트남군이 갑자기 대군을 이끌고 남베트남을 공격하였기 때문에, 미국은 다시 북베트남 폭격을 개시하였다.

 그러나 끝내 남베트남 정부는 1975년에 쓰러졌고, 1976년에 베트남은 북베트남에 의해 통일되어 베트남 사회주의 공화국이 세워졌다.

베트남 중부 고원에서 전투 중인 미군 병사들

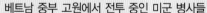

미국과 소련의 화해

*냉전

직접적으로 무력을 사용하지 않고 경제, 외교, 정보 등을 수단으로 하는 국제적인 대립과 항쟁을 말한다. 미국의 정치 평론가인 월터 프리먼이 처음으로 말하였다.

'혼자 살아가자면 여러 가지 어려운 문제에 부딪힌다!'

모든 나라들이 이런 생각을 하게 되었습니다.

특히, 미국과 소련은 불필요한 경쟁인 냉전*으로 야기되는 것은 엄청난 경제 손실뿐이라는 것을 깨달았습니다. 그래서 미국과 소련은 마음을 터놓고 의논할 것은 의논하고, 고칠 것은 고치자며 한목소리를 냈습니다.

1956년 2월 25일, 모스크바에서 열린 제20차 소련 공산당 전당 대회에 참석한 세계 공산당 대표들은 소련의 새 지도자의 연설에 너무도 놀랐습니다.

소련과 미국 시민들의 텔레비전 중계 토론 자유로운 매스컴 활동은 소련의 페레스트로이카 정책의 원군이 되었다.

동서 냉전 시대를 화해의 시대로 바꾼 흐루시초프

*스탈린 비판

소련 공산당 제20차 대회에서 행해진, 스탈린의 정책적 과오에 대한 비판이다.

스탈린이 행한 숙청, 개인숭배에 의한 집단 지도, 독·소전의 전술적 무능, 소수 민족 정책의 실패 등이 폭로되었다. 따라서, 스탈린의 정치·사상적 권위는 부정되고, 레닌주의로의 복귀가 주장되었다.

또한, 평화 혁명의 가능성이 대두되면서, 소련의 대외 정책의 기본 명제가 확정되었다.

*흐루시초프

소련의 정치가이다. 1953년 스탈린이 죽자 당 제1서기가 되어, 소련 정치에 일대 전환을 가져왔다.

1958년, 수상을 겸하여 미국, 영국과 핵실험 금지 협정을 체결하는 등, 동서 평화 공존책을 썼으나 실패하였고, 중국과 소련의 대립이 심해져 1964년 해임되었다.

"스탈린은 소련의 위대한 통치자가 아니라, 러시아 역사상 가장 악랄한 차르였습니다! 스탈린은 러시아와 세계를 파멸 직전까지 몰고 간 용서받지 못할 범죄자입니다! 우리 러시아는 이제 세계의 평화 공존에 동참하여야 합니다!"

그는 다름 아닌 새로 뽑힌 소련 공산당 최고 권력자인 흐루시초프* 서기장이었습니다.

우리 소련이 세계 평화에 일조하려면 냉전을 끝내고 미국과 사이좋게 공존해야 합니다.

흐루시초프

흐루시초프는 소련의 지도자로 떠오르기 전부터 이미 스탈린과 다른 정책을 펴고 있었습니다. 그 정책의 하나가 1955년 5월 오스트리아의 중립을 인정한 것입니다. 스탈린은 10년 동안 미국, 영국, 프랑스와 함께 오스트리아를 점령하고 있으면서 그곳에 공산주의를 심으려고 애썼습니다.

그러나 흐루시초프는 점령국이 물러나는 것을 조건으로 오스트리아의 중립을 인정하였습니다. 이것은 냉전을 끝내려는 뜻이었습니다.

1957년 이후 대숙청 작업으로 정적들을 없앤 흐루시초프는 새로운 개혁을 추진하였습니다. 그는 가장 먼저 비밀 경찰의 권한을 줄여 소련에 자유의 바람을 일으켰고, 악명 높은 강제 수용소를 없애 버렸습니다.

역사적인 만남을 가진 케네디 미국 대통령(왼쪽)과 흐루시초프 소련 서기장(1961년)

그는 또 '철의 장막'*을 약간 걷어 서방 국가 시민들의 공산권 방문을 허락하였고, 국가사업에 강제 노동을 시키지 않고 노동자에게 돈을 주었습니다.

이렇게 하여, 곳곳에 널려 있던 스탈린의 사진과 동상들이 차츰 사라지기 시작하였고, 1961년에는 그의 묘까지 위대한 붉은 광장에서 외딴곳으로 옮겨지게 되었습니다.

흐루시초프가 나타나면서 동서는 이제 냉전의 시대에서 화해의 시대가 되었습니다. 그리고 1959년 흐루시초프의 미국 방문은 인류가 두려워하던 제3차 대전의 위기가 안도의 한숨으로 바뀌는 순간이었습니다.

*철의 장막
1946년 3월에 미국을 방문한 처칠 영국 수상이 소련의 비밀주의를 비난하기 위해 사용한 말이다.

처칠 수상

세계 평화를 위해 미국과 소련이 손을 잡고 서로 노력하도록 합시다.

이 방문으로 아이젠하워 미국 대통령과 흐루시초프 소련 공산당 서기장 사이에는 '평화 공존'*의 약속이 이루어졌습니다.

이 두 지도자는 총과 대포의 싸움에서 버튼 하나로 모든 것이 사라져 버리는 무서운 핵폭탄 시대로 접어든 이 시점에서, '평화 공존'이야말로 인류의 구원을 약속하는 것임을 깨닫고 있었습니다.

그 후, 소련은 더욱 개방적인 지도자들이 나타남으로써 새로운 변화가 일어났습니다.

*평화 공존
사회 체제를 달리하는 자본주의와 사회주의의 두 체제가 서로 침범함이 없이 공존할 수 있다는 주장이다.

차에서 모자를 흔드는 흐루시초프

제34대 미국 대통령 아이젠하워

세계정세의 흐름에 따르려면 소련에도 새로운 개혁과 개방의 바람이 필요합니다.

고르바초프

다시 말해서, 독재적인 공산주의 사회에 차차 자유롭고 새로운 질서를 요구하는 움직임이 일어났던 것입니다.

특히, 소련의 서기장인 고르바초프*는 "꽁꽁 얼어붙은 공산주의의 틀을 녹여야 합니다!"라고 말할 정도였습니다.

이것은 미국을 비롯한 자유 진영과도 손을 잡고 나가야 할 필요성을 내비친 것이었습니다.

고르바초프의 일부 자유 개방 정책의 바람이 불자, 그동안 소련에 얽매어 있었던 공산 국가들에서는 자치권 확대와 독립을 요구하는 운동이 일어났습니다.

"우리도 우리끼리 살 권리가 있다!"

이런 운동은 자연히 소련을 시끄럽게 하였습니다.

＊고르바초프

소련의 정치가이다. 1971년 공산당 중앙 위원, 1980년 정치국원, 1985년 체르넨코의 사망으로 서기장에 취임하여 정권을 담당하게 되었다.

페레스트로이카(개혁)나 글라스노스트(개방) 등 혁신적인 정책을 펴 나가 국내외로부터 많은 호응을 얻었다.

1990년 소비에트 연방 공화국 대통령이 되었으며, 같은 해에 노벨 평화상을 받았다.

그루지야 공화국

소련은 15개 공화국과 100개 이상의 민족으로 이루어져 있으므로, 각 공화국의 독립된 자치권의 요구와 함께 다른 민족 간의 다툼이 어쩔 수 없이 일어나게 되었습니다.

1988년부터 고르바초프가 일부 새로운 개혁 정치를 펴 나가자 그루지야 공화국＊을 비롯하여 우크라이나, 백러시아(벨라루스) 등 여러 공화국들이 독립운동을 벌였습니다.

그루지야 공화국의 민가 모습

1989년 지중해 몰타 섬에서 동서 냉전 종식을 위해 환담하는 미·소 두 정상

 이 과정에서 많은 사람들이 피를 흘렸으며, 소련 내의 다른 민족 간에도 다툼이 겹쳐 큰 어려움이 따랐습니다.
 분명히 소련은 약해져 가고 있었으며, 그럴수록 미국과의 화해 분위기가 무르익어 갔습니다.

2 중국과 격동하는 제3세계

중국에서는 1958년부터 인민 공사에 의한 대규모의 농업 집단화가 추진되고 있었습니다. 급격한 개혁으로 생산량은 떨어지고, 또 중·소 논쟁으로 소련이 원조를 중단한 탓으로 중국 경제는 큰 타격을 입었습니다.

그 때문에 류 사오치는 급격한 사회주의화를 완화하여 생산의 회복에 힘썼습니다. 그러나 마오쩌둥은 이를 자본주의의 부활로 여기고 군과 결탁하고 대중을 동원하여 문화 대혁명을 일으켰습니다.

중국 사회는 크나큰 혼란에 빠졌고, 사회 전반에 걸쳐 심각한 상처를 남겼습니다. 이 사이 중·소 대립은 더욱 심각해졌고, 1969년에는 국경 분쟁으로 말미암아 무력 충돌까지 발생하였습니다.

중국 톈안먼 광장

중국의 경제 발전과 문화 대혁명

문화 대혁명의 포스터에 등장한 중국의 마오쩌둥 주석

중국은 먼저 대대적인 토지 개혁을 실시하여 봉건적 토지 제도를 폐지시켰습니다. 지주제의 폐지에 따라 농민은 자신의 토지를 갖게 되었습니다.

이어 1953년부터 시작된 경제 개발 5개년 계획이 실시되면서 농업 집단화가 도입되고, 수공업의 협동 경영도 이루어졌습니다.

또, 황하와 양쯔 강 등에 대규모의 댐, 도로, 철도 등이 건설되었습니다. 교육 제도의 개혁도 이루어져 국민의 의식 수준을 높이려는 노력도 활발히 진행되었습니다.

1958년부터 시작된 제2차 5개년 계획에서는 인민 공사가 만들어졌습니다. 이 조직은 농업의 집단화를 진척시키고, 농촌을 일체화된 공동체로 만드는 역할을 하였습니다.

그러나 지나친 증산 계획 때문에 자연환경이 훼손되어 자연재해가 계속되는 부작용도 컸습니다.

또한, 중·소 분쟁으로 소련의 경제·기술적 원조가 중지되었고, 이에 따라 이른바 대약진 운동은 큰 벽에 부딪혔습니다.

농사일을 하는 농민들

현대화된 기계로 농사하다

*중화 인민 공화국의
성장
• 사회주의 정책의 실
현 : 토지 개혁, 기간
산업의 국유화
• 대약진 운동 : 인민
공사의 설치
• 문화 대혁명 : 실용주
의자 축출
• 덩샤오핑 : 현대화 정
책

이 과정에서 마오쩌둥의 지도력은 크게 약화되어 국가 주석직을 류사오치에게 물려주었습니다. 그 이후 중국은 지나치게 빠른 사회주의화에 따른 부작용을 감안, 그 속도를 조정하면서 경제력의 강화를 추구하였습니다.

한편, 1966년에 중국에서는 문화 혁명이 거세게 일어나 1969년까지 계속되었습니다. 이것은 과거 4천 년 동안 계속되어 온 봉건적인 사상, 문화, 풍습, 습관을 추방하고, 사회주의 체제에 따른 새로운 제도와 인간형을 만든다는 구상 아래 강력히 추진되었습니다.

문화 대혁명

대약진 운동과 인민 공사가 실패하면서 마오쩌둥에 대한 비판이 일어나자, 그는 수정주의가 중국으로 확대되는 것을 막아야 한다고 주장하였다. 이 과정에서 그는 류사오치, 덩샤오핑 등 실권파를 공격하였는데, 이는 곧 마오쩌둥과 그의 반대파들 간의 정치 투쟁으로까지 확대되었다.

마오쩌둥은 홍위병을 조직하여 기존의 지식인이나 문화를 부르주아적이라고 공격하였다. 그 결과, 중국 공산당과 정부의 통치 기능은 현저히 저하되었다.

텐안먼 광장의 문화 혁명 퍼레이드

문화 대혁명이 일어났던 톈안먼 광장과 마오쩌둥의 대형 초상화

문화 혁명은 마오쩌둥과 그를 따르는 중국 공산당 지도부에 의해서 추진되었고, 그 선봉대로 홍위병*이라고 불리는 수백만 명의 청년들이 나섰습니다.

제1차 문화 혁명에 이어 제2차 문화 혁명은 1971년에 당시 마오쩌둥의 후계자로 꼽히던 린뱌오 부주석의 죽음에 대한 비판을 계기로 시작하였습니다. 그는 마오쩌둥의 암살 음모에 개입되었다는 혐의를 받고, 외국으로 망명하려다가 몽골에서 의문의 비행기 사고를 당해 죽었습니다.

＊홍위병

중국 문화 혁명의 추진력이 되었던 남녀 청소년 조직이다.

전국의 중·고·대학생으로 조직되었으며, 마오쩌둥 사상의 학습과 문화 혁명의 추진을 목적으로 활발한 활동을 전개하였다.

1976년, 중국 역사는 또다시 새로운 전환점을 맞게 되었습니다.

저우언라이 수상에 이어, 중국 혁명의 최고 지도자로서 40여 년간이나 중국 공산당을 이끌어 온 마오쩌둥이 세상을 떠난 것입니다.

마오쩌둥이 죽은 뒤, 덩샤오핑이 최고 실력자로 중국의 근대화 정책을 강력히 추진하다가 사망한 후, 현재는 후진타오 중국 주석이 그 뒤를 이어 눈부신 발전을 계속하고 있습니다.

마오쩌둥

덩샤오핑

전시된 마오쩌둥의 시신

후진타오

　중국은 사회주의 체제하에서 기업의 이윤을 극대화한다는 것을 우선으로 강조하였습니다. 이를 위해 국가에서 가격을 결정하지 않고, 경제 효율을 향상시키는 방향에서 가격을 결정하는 정책을 실시하였습니다.

　중국은 현재 국제 연합에서도 적극적으로 활동하며, 주요 자본주의 국가와의 국교 정상화를 통해 우호적인 관계를 유지하려고 노력하고 있습니다.

제16회 광저우 아시아경기대회 (2010년)

베트남의 통일과 석유 전략 무기화

1968년부터 미국과 베트남 사이에 시작된 베트남 평화 교섭은 마침내 결실을 맺게 되었습니다. 1973년 1월, 미국, 남베트남, 북베트남, 임시 혁명 정부 등의 대표가 참석한 파리 회담에서 베트남 전쟁의 중지와 평화 회복에 관한 내용을 담은 협정이 조인되었습니다.

그러나 남베트남 정부군과 해방 전선군의 싸움은 계속되었고, 북베트남군도 해방 전선군을 지원하였습니다.

남베트남 정부군은 미국의 무기 원조를 받았지만 계속 패배하였습니다.

사이공 시로 들어오는 북베트남군과 민족 해방군

사이공 시의 마트

남베트남 정부는 마침내 1975년에 쓰러졌고, 1976년에 베트남은 북베트남에 의해 통일되어 베트남 사회주의 공화국이 세워졌습니다.

사이공 해방(1975년 5월, 군의 포고를 들고 있는 군중들)

1975년에는 주변국인 캄보디아와 라오스*에서도 정부가 쓰러져서 민족주의를 기치로 내건 공산주의 세력이 정권을 잡았습니다. 이로써 인도차이나 반도의 3국이 공산주의 세력의 지배 아래 들어갔는데, 이러한 정세는 동남아시아 주변 나라에 커다란 영향을 미치게 되었습니다.

라오스의 수도 비엔티안에 있는 비엔티안의 파탓루앙 사원

*라오스

인도차이나 반도의 중앙부에 남북으로 길게 자리 잡은 사회주의 공화국으로, 1953년 프랑스로부터 독립하였다.

쌀, 수수, 감자, 담배, 목화 등 농산물의 생산이 많으며, 이 밖에 주석, 철 등이 난다.

주민은 대부분 라오족이고, 수도는 비엔티안이다.

*석유 수출국 기구
(OPEC)

1960년 9월에 바그다드에서 열린 수뇌 회의에서 이라크, 이란, 쿠웨이트, 사우디아라비아, 베네수엘라 등의 산유국이 설립한 기구이다.

이 기구는 석유의 가격 안정과 생산 조정을 목적으로 한다. 특히, 가맹국은 개발 도상국이 많으므로 석유 수입을 늘려 경제 발전에 힘쓰며, 산유국과 선진 공업국과의 집단적 교섭에 중점을 두고 있다.

가맹국은 5개국 외에 카타르, 리비아, 인도네시아, 알제리, 나이지리아, 아랍에미리트, 가봉, 에콰도르이며, 본부는 오스트리아의 빈에 있다.

석유 수출국 기구

한편, 아랍의 석유 산유국은 중동 분쟁에서 이스라엘이 강경 노선을 취하는 것은 미국 등 서방 국가들이 친이스라엘 정책을 취하기 때문이라고 주장하였습니다.

그리하여 이들 아랍 산유국들은 1973년 말부터 석유 생산량을 제한하고, 이스라엘을 원조하거나 이스라엘·아랍의 분쟁에 중립을 유지하며 아랍을 지지하지 않는 국가에 대해서는 석유 수출을 일방적으로 줄이거나 가격을 대폭 인상시켰습니다.

해양에서의 석유 시추 작업

석유 수출국 기구(OPEC) 회의

　산유량의 제한과 가격 상승은 세계 각국에 인플레이션과 경제적 불황을 가져왔습니다.

　또한, 그 영향은 아랍 산유국에도 파급되어, 공업국에서 공업 생산품을 수입하고 있는 아랍 산유국도 타격을 받게 되었습니다. 이로 인해 석유 전략도 완화되었습니다.

　한편, 석유 가격의 상승으로 새로운 문제기 발생하였습니다. 거액의 달러가 산유국으로 계속 유입됨에 따라, 이 달러를 다시 선진 공업국에 돌려 유통시키는 것이 세계 경제의 새로운 과제로 등장하게 된 것입니다.

3 첨단 과학 기술의 발달

현대의 과학 기술은 눈부신 진보를 이룩하여 현대인의 생활에 혁명적인 변화를 가져다주었습니다.

비행기와 자동차에 의해 물건의 유통과 사람의 왕래가 더욱 활발해지고, 전화, 라디오, 텔레비전, 통신 위성에 의해 많은 정보가 재빨리 전해지게 되었습니다.

또, 1970년대 이후 빠른 속도로 보급된 컴퓨터는 온갖 분야에서 정보 처리와 로봇 제어를 쉽게 함으로써 정보 혁명을 가져왔습니다.

컴퓨터를 이용한 인공위성

컴퓨터의 등장과 새로운 에너지

오늘날 우리 생활은 컴퓨터와 깊이 얽혀 있습니다. 컴퓨터는 1944년 무렵에 처음 나온 이래 크기가 작아지면서 더 많은 정보를 처리할 수 있게 되었습니다.

인간이 달에 발을 디딜 수 있었던 것도 컴퓨터의 덕택이었습니다.

컴퓨터는 인류가 쌓아올린 지식을 한데 엮어서 더 유익한 정보를 만들어 내는 데 이용됩니다. 전 세계의 컴퓨터를 한데 묶는 인터넷이 발달하여 쌍방향 의사소통을 더욱 자유롭게 할 수 있는 시대가 되었습니다.

정보 사회에 적응하려면 컴퓨터의 기능과 특성을 잘 알아 두어야 한다.

1944년부터 개발된 에니악(ENIAC)은 진공관 19,000개로 이루어진 30톤짜리 컴퓨터로서, 200KW의 전력을 소모하였습니다. 오늘날과 비교하면 많이 느리지만, 인간의 계산 능력을 훨씬 앞섰습니다.

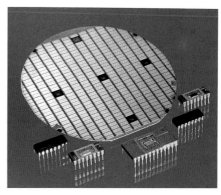

컴퓨터 반도체

트랜지스터의 발명은 컴퓨터의 발전에 크게 이바지하였습니다. 벨 전화 연구소의 쇼클리는 트랜지스터를 발명한 뒤, 1950년대 중반에는 높은 열에도 제대로 작동할 수 있는 실리콘으로 반도체를 만들었습니다.

이렇게 해서 진공관으로 바꾼 결과 컴퓨터는 더 작아질 수 있었습니다.

최초의 전자식 컴퓨터인 에니악

컴퓨터 혁명을 일으킨 빌 게이츠

컴퓨터 부품

1981년 IBM에서 생산한
첫 번째 개인용컴퓨터

1967년 아이 비 엠(IBM)에서는 최초로 플로피 디스크를 발명하였고, 1971년 인텔(Intel)은 마이크로프로세서를 발명하였으며, 1972년에는 최초로 8비트짜리 컴퓨터를 내놓았습니다.

1975년에는 빌 게이츠와 폴 앨런이 새로운 컴퓨터 언어로 특허를 받고, 1981년 8월 아이비엠(IBM)은 개인용 컴퓨터를 내놓았습니다.

부품을 조립해서 컴퓨터를 소유하던 시대에서 이제 완제품을 살 수 있는 시대로 접어들면서, 누구나 쉽게 컴퓨터를 이용할 수 있는 시대가 열린 것입니다.

1969년 미국에서 군사적 목적을 위해 여러 대의 컴퓨터를 한데 묶기 시작하면서 발달한 인터넷은 전 세계를 거미줄처럼 엮고 있습니다.

1994년에는 대부분 미국에 거주하던 300만 명이 인터넷을 이용하였지만, 1999년 중반에는 전 세계의 2억 명이 인터넷을 이용하였습니다. 2011년에는 10억 명 이상이 인터넷을 이용하고 있습니다.

노트북 컴퓨터를 이용한 인터넷

인류는 산업혁명 이후 화석 연료(석탄, 석유, 천연가스)를 주로 사용하여 왔습니다.

또한, 핵에너지를 이용하기 시작했지만, 1970년대 말 방사선 유출 위험에 부딪혔던 미국에서부터 대체 에너지 개발을 요구하는 목소리가 나오기 시작하였습니다.

실제로 각 나라는 지하자원이 고갈되고 환경 오염 문제가 일어나면서 청정에너지 개발에 힘쓰고 있습니다.

상대성 이론을 밝힌
아인슈타인

나에겐 특별한 재능이 없다. 단지 모든 것에 열렬한 호기심을 가질 뿐이다.

1930년경 연구실에 포즈를 취한 아인슈타인

한편으로는 폐기물 에너지를 활용하면서, 태양열, 바람, 물, 지열, 식물 자원을 이용하는 방법을 개발하였습니다.

미국, 일본, 독일에서 실용화 단계에 있는 수소 에너지를 우리나라에서도 개발하고 있습니다.

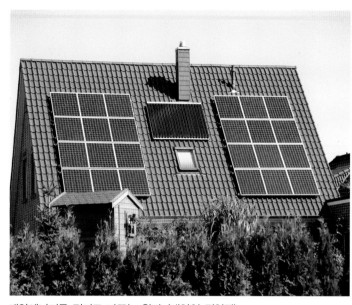

태양에너지를 전기로 바꾸는 원리 〈태양열 집열판〉

태양 광선은 무한하고 공해가 없어 미래의 대체 에너지로 각광받고 있다.

유인 우주선의 등장과 아폴로 계획

프렌드십 7호에 탑승한 글렌

아폴로 계획

1961년 4월 12일, 소련의 가가린은 보스토크 1호를 타고 1시간 48분 동안 지구를 일주한 인류 최초의 우주인이 되었습니다. 그때 가가린은 "지구는 푸르렀다."라는 짧은 명언을 남겼으며, 이것으로써 본격적인 우주 시대의 막이 열렸습니다.

보스토크에 선수를 빼앗긴 미국은 한 달 뒤인 1961년 5월 5일, 셰퍼드가 탄 프리덤 7호라는 머큐리 우주선을 발사하여 15분 동안의 탄도 비행에 성공하였습니다.

또, 미국의 우주 비행사가 최초로 인공위성을 이용하여 지구 궤도를 돈 것은 1962년 2월 20일입니다.

 골든벨 상식

가가린

인류 최초로 우주 비행에 성공한 소련의 우주 비행사이다.

목수의 아들로 태어나 오렌부르크 육군 항공 사관 학교를 졸업하고 우주 비행사 훈련을 받았다.

1961년 4월 12일 우주선 보스토크 1호를 타고 1시간 48분 만에 지구를 한 바퀴 돌아 레닌 훈장을 받았다. 1968년 3월 27일, 비행 훈련 중 타고 있던 제트 훈련기의 추락으로 사망했다.

소련의 우주 비행사 가가린

글렌이 머큐리 우주선인 프렌드십 7호를 타고 지구를 세 바퀴 도는 데 성공하였는데, 한 바퀴에 걸린 시간은 1시간 28분 30초였습니다.

1964년 10월 12일, 소련은 보스토크를 개량한 보스호트 1호에 세 명의 우주 비행사를 탑승시켜 지구를 16번 돌았습니다.

우주에서 바라보는 푸른 지구는 정말 아름답고 신비하구나!

가가린이 탔던 보스토크 1호

지구 위에서 떠다니는 우주 비행사

아폴로와 소유스의 도킹

미국의 제 2 세대 우주선인 제미니는 황도 12궁의 첫째 자리인 쌍둥이자리의 학명입니다. 이 제미니 우주선의 발사는 아폴로 우주선에서 필요한 랑데부와 도킹 기술을 습득하기 위한 것으로, 1964년부터 1966년까지 실시되어 성공을 거두었습니다.

한편, 1961년 5월 25일, 당시 미국의 케네디 대통령은 "미국은 앞으로 10년 이내에 인간을 달에 착륙시키고, 또 무사히 지구로 귀환시키는 목표를 달성할 것이다."라고 말하였습니다.

 골든벨 상식

케네디 대통령

잘생기고 매력적인데다가 재산가이기도 했던 케네디는, 1960년에 미국 역사상 최연소 대통령에 당선되었다.

그는 취임 연설에서 "국가가 무엇을 해 줄 것인가를 묻지 말고, 국가를 위해서 자신이 무엇을 할 수 있는가를 생각해야 한다."라고 말하여, '뉴 프론티어'라는 미국의 개혁에 대한 계획을 선언했다. 케네디 정권은 발족 당시부터 쿠바 위기나 공민권 문제, 실업자 문제 등 여러 가지 어려운 문제를 짊어지고 있었지만, 젊고 유능한 인재를 모아서 문제에 적극 대처했다. 그러나 1963년, 케네디는 연설을 위해 방문한 텍사스 주 댈러스에서 퍼레이드 도중에 암살되었다.

연설하는 케네디 대통령

의회가 이것을 승인하고, 또 그에 따르는 총 200억 달러의 비용도 승인해 줌에 따라 아폴로 달 착륙 계획은 정식으로 시작되었습니다. 그리고 마침내 미국은 그 10년 이내에 유인 우주선의 달 착륙을 성공시켰던 것입니다.

1969년 7월 20일, 케네디 대통령이 국민들에게 약속한 지 9년 만에 암스트롱, 올드린, 콜린스 등이 아폴로 11호를 타고 인류 최초로 달 착륙에 성공하였습니다.

달 표면에는 암스트롱과 올드린이 내려섰는데, 암스트롱은 그때 "이것은 비록 한 사람의 작은 발자국이지만, 인류 발전을 위한 커다란 비약이다."라는 첫 메시지를 지구로 보내왔습니다.

한 걸음 더

우주 시대의 첫걸음이 된 달 착륙

1969년 7월 20일, 아폴로 11호의 달 착륙선(독수리 호)이 달에 착륙하였다. 착륙선의 문을 나선 닐 암스트롱이 달 표면에 왼발을 처음 내디딘 시각은 1969년 7월 20일 오전 11시 56분이었다.

1957년 10월 4일, 최초의 인공위성 스푸트니크 1호가 궤도 비행에 성공함으로써 시작된 미국과 소련 간의 우주 개발 경쟁은 미국이 먼저 달에 착륙함으로써 우위를 차지하였다.

인류 최초의 달 착륙

21세기에 들어선 오늘날에는 우주 개발이 국가 간의 독점적 개발 경쟁에서 벗어나 각국이 협력하여 개발하고 함께 이용하자는 쪽으로 관심이 모아지고 있다.

골든벨 상식

우주 유영

 달에서의 선외 활동(우주선 밖에서의 활동)은 1960년대 후반부터 1970년대 전반에 걸친 아폴로 계획에서 실시되었다.

 그 후, 우주 스테이션에서 장기간 체류한 소련의 우주 비행사들은 궤도상에서 많은 선외 활동을 하였다. 예를 들면, 1990년 7월에 두 명의 우주 비행사가 우주 스테이션인 미르에서 장시간 동안 선외 활동을 하였다. 스페이스 셔틀이 운용되고부터는 미리 세워진 계획에 따라 많은 선외 활동이 행해지게 되었다. 예를 들면, 화물실에서의 실험을 위한 선외 활동이 그것이다. 또, 궤도에서 화물실로 회수한 인공위성을 수리하기 위한 선외 활동도 있다. 1984년에는 솔라맥스가, 1985년에는 리샛3가 이 방법으로 수리되었다.

유영하는 우주 비행사

인간을 달에 착륙시키고 안전하게 지구로 귀환시키는 일은 참으로 거대한 계획이었습니다. 초음속 제트 항공기의 발달, 레이더와 로켓의 진보에 의한 우주 개발로 인하여 인류의 우주 개척의 꿈이 현실화된 것입니다.

미국과 소련은 우주 개발을 둘러싸고 서로 경쟁하였지만, 협력 분위기가 무르익어 감에 따라 우주 개발에서도 협력 체제가 이루어지기 시작하였습니다.

우주 스테이션 건설에 필요한 빔 조립

러시아의 우주 스테이션인 미르호

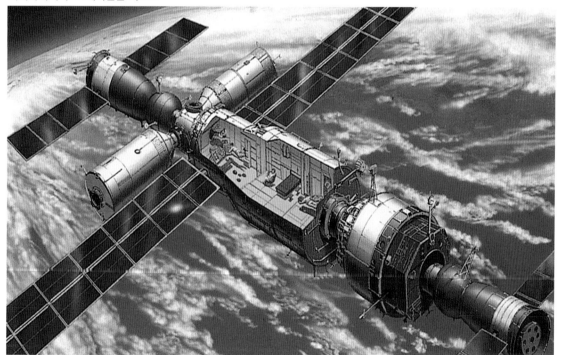

49

4 자본주의의 고도성장

제2차 세계 대전을 통해 미국은 유럽 여러 나라에 무기와 군수 물자를 팔면서 세계의 무기고 역할을 했습니다.

미국의 군수 산업을 비롯한 여러 산업은 비약적으로 발전했습니다. 전쟁이 끝난 뒤, 전 세계 금의 80퍼센트 가까이가 미국에 모였고, 전 세계 생산량의 40퍼센트는 미국이 생산했습니다.

그리고 서유럽의 여러 나라가 미국의 도움을 받아 빠른 속도로 경제 발전을 이루었습니다.

이로써 서유럽에 공산주의 정부가 들어설 위험이 적어졌습니다. 미국은 유럽 경제의 발전을 도우면서 공산주의에 맞서는 튼튼한 반공 전선을 이끌었던 것입니다.

경제생활의 발달로 풍족해진 생활

자본주의의 변화와 성장

미국 대통령 산

미국의 록펠러 재단

자본주의란 사유 재산 제도를 바탕으로 하여 각자가 영리를 추구할 수 있을 뿐 아니라, 경제 활동의 자유가 보장되고 가격에 의하여 자원이 배분되는 경제 체제입니다.

자본주의 경제의 주요 특징을 들면, 첫째, 자본주의 경제는 사유 재산 제도를 인정하여 재산의 개인 소유를 허용하고 있습니다. 둘째, 자본주의 경제는 경제 활동의 자유를 보장받습니다. 셋째, 자본주의 경제는 이윤을 얻는 것을 경제 활동의 가장 중요한 목표로 삼습니다. 넷째, 자본주의 경제는 시장 경제 또는 교환 경제라고 할 수 있습니다. 다섯째, 자본주의 경제 제도에서는 노동력이 상품화될 수 있습니다.

많은 자본주의 국가들은 케인스의 경제학에 따라 경제에 대한 국가의 개입을 강화하였습니다.

프랑스는 기간 산업과 은행을 국유화하여 필요한 부분에 자본을 집중적으로 투자하였으며, 영국도 주요 산업을 국유화하고 교육과 주택 건설 등에 국가가 관여하였습니다.

반면, 서독은 자유 시장 경제를 받아들여 기업 활동을 자극하고 화폐 개혁 등을 단행하여 '라인 강의 기적'을 이룩하였습니다.

영국 런던의 피카딜리 광장

1960년대에는 자본주의 경제가 고도로 성장하였습니다. '실업자'가 줄고 생활 수준이 크게 향상되어 풍요와 소비, 복지를 누리기 시작하였습니다.

1960년대 후반부터 성장률 10퍼센트 이상의 고도성장을 이룬 우리나라도 1970년대에 신흥 공업국의 대열에 들어섰습니다.

프랑스 파리 루브르 박물관의 어린이들

현대 자본주의 사회의 본고장 미국의 뉴욕 맨해튼

　이러한 경제 성장의 발판은 무엇보다도 과학 기술의 발달에서 찾아볼 수 있습니다.

　또한, 더욱 합리적으로 구조 조정을 하고, 소비자의 강력한 구매욕이 있었으며, 광고가 신상품의 구매욕을 돋구었다는 점도 빼놓을 수 없습니다.

성장의 불균형

그러나 겨우 몇 나라만이 고도의 경제 성장을 유지하였습니다.

20세기 초에 이미 산업화한 미국, 소련, 서독, 영국, 프랑스, 일본의 6개국이 세계 총생산의 70퍼센트를 만들어 내었습니다.

선진 산업국에서는 일부 분야만이 성장하였습니다.

일본 아이치 만국 박람회

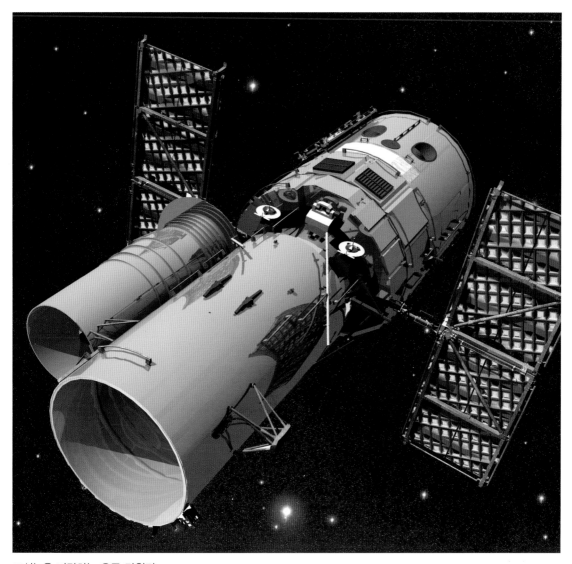

고성능을 자랑하는 우주 망원경

　경제 시장을 이끈 분야는 석유, 화학, 전자, 자동차, 항공, 우주 공학 등의 산업
이었습니다.

　반면, 석탄 채굴, 자연 섬유, 가죽 제품 등의 전통적인 분야는 침체했거나 후퇴
하였습니다. 전통 분야의 산업은 후진국의 상징이 되었습니다.

5 국제 경제의 세계화

미국과 소련을 중심을 한 동·서의 대립이 미국을 비롯한 자본주의 진영의 승리로 끝남에 따라 세계는 미국을 중심으로 돌아갈 수밖에 없게 되었습니다.

또, 세계 대부분의 나라가 자본주의 사회가 되어 어디나 자유롭게 왕래하고 거래할 수 있는 커다란 하나의 시장으로 묶이게 되었습니다.

이처럼 변화된 환경을 맞아 미국을 대표로 하는 서유럽 선진국들은 자기 나라 기업들이 세계 시장에서 더욱 많은 이익을 거둘 수 있는 새로운 틀을 만들어 나가기 시작했습니다.

자본주의를 대표하는 미국

자유 무역 체제의 강화

지난 20세기 후반, 미국을 비롯한 서유럽 선진국의 기업들은 세계 여러 나라에 상품을 수출하여 크게 발전하였습니다.

또 다른 가난한 나라에 기술과 자본을 들여 직접 공장을 짓고 싸게 만든 상품을 비싸게 팔아서 더 큰 이익을 냈습니다.

세계가 하나가 된 지구촌 시대

자유 무역으로 더 넓어진 세계시장

　그러자 가난한 나라들은 서유럽 선진국에서 들어오는 상품에 높은 세금을 매겨서 자기 나라 기업이 살아날 수 있도록 도왔습니다.

　그리고 외국 자본의 투자에 대해서도 꼭 필요한 분야는 허용했지만, 자기 나라 기업과 경쟁이 예상되는 분야에 대해서는 까다로운 조건을 붙여 외국 기업이 발을 붙이기 어렵게 했습니다.

　1990년대 들어 선진국의 기업들은 상품과 돈이 넘쳐나서, 다른 나라에 물건을 팔고 어딘가에 돈을 투자하지 않으면 안 될 지경에 이르렀습니다.

국제 통화 기금(IMF) 본부

그러기 위해서는 먼저 나라 사이의 무역과 투자에 방해가 되는 울타리를 없애야 했습니다.

그리하여 미국과 서유럽 선진국은 다른 나라들의 반대에도, 나라 사이의 경제 장벽을 없애기 위한 국제 협정을 맺기에 이르렀습니다.

미국은 자유 무역을 바탕으로 세계 경제 질서를 재편하기 위해 국제 부흥 개발 은행(IBRD)과 국제 통화 기금(IMF)을 창설하여 후진국이나 외환이 부족한 국가에 금융을 지원하였습니다.

우리나라의 외채 부족을 막기 위해 열린 아이 엠 에프(IMF) 회담

세계 금융 시장의 중요한 역할을 하는 달러

1947년에는 관세율을 낮춤으로써 국제 무역을 촉진시키기 위해 관세 및 무역에 관한 일반 협정(GATT) 체제를 출범시켰습니다.

또한, 미국은 경기 침체와 국제 수지를 개선하기 위해 1995년 여러 나라의 반대에도, 세계 무역 기구(WTO)를 발속시켰습니다.

이로써, 자유 무역 체제는 더욱 강화되어 세계 경제는 국경을 넘어 하나의 경제로 통합되었습니다.

금으로 만든 달러의 부호

지역 협력체의 형성

한편, 세계 각국은 지역적으로나 경제적으로 공동체나 협력체를 만들기로 하였습니다.

1993년 유럽 연합(EU)이 탄생하자 미국, 캐나다, 멕시코의 3국은 북미 자유 무역 협정(NAFTA)을 맺었고 1994년에는 남북 아메리카를 단일 경제권으로 묶는 미주 자유 무역 지대(FTAA)가 창설되었습니다.

국제화 시대의 세계 경제는 서로 밀접한 연관을 가지고 있다.

아시아 · 유럽 정상 회의(ASEM)에 참석한 정상들과 토론하는 김대중 대통령(오른쪽)

아시아에서는 동남아시아의 여러 나라가 아세안(ASEAN)을 결성하였고 1989
년에는 여기에 태평양 연안의 국가들이 참가하여 아시아 · 태평양 경제 협력체
(APEC)를 창설하였습니다.

또한, 아시아 및 극동 지역의 경제 성상과 협력을 증진하고, 개발 도싱국의 정제
개발을 촉진하기 위하여 융자와 기술 원조 등을 하는 금융 기관으로 아시아 개발 은
행(ADB)이 1966년에 발족되었습니다.

6 20세기의 사회와 문화

현대 사회에서는 보통 선거와 의무 교육 제도의 실시 등으로 정치, 경제, 사회의 모든 면에서 대중의 역할이 커졌습니다.

정치적으로는 대중을 기반으로 한 정당 정치, 즉 대중 민주주의가 나타나 대중의 여론이 중시되고, 사회·경제적으로는 복지 향상과 부의 분배에 대한 대중의 요구가 늘어나 복지 사회의 개념이 보편화되었습니다.

또한, 문화적으로는 텔레비전, 신문, 라디오, 영화와 같은 대중 매체의 출현으로 정보와 지식이 대중에게 널리 보급되어 대중문화가 발달하였습니다.

20세기의 번영을 구가한 홍콩

대중 매체와 대중 사회

현대 대중 사회는 다양한 매체를 활용하는 인간의 다양한 욕구를 수용하고 나타낼 수 있는 능력을 가진 사회입니다.

대중 사회에서 가장 중요한 역할을 하는 것은 무엇보다도 대중 매체라 할 수 있습니다.

오늘날 우리는 글, 그림, 영상을 모두 동원하여 의사를 소통할 수 있습니다.

우리나라가 최초로 만든 세계 최대의 102인치 PDP 텔레비전

수많은 정보를 쉽게 얻을 수 있는 인터넷

대중문화는 대중 매체가 만들어 내는 것으로서, 모든 사람에게 직간접적으로 영향을 미칩니다.

이에 반해 개인은 신문, 라디오, 텔레비전, 인터넷을 통하여 자신의 취미에 맞는 정보를 얻고, 여론의 형성에 참여할 수 있습니다.

그러나 대부분의 개인은 자본의 끊임없는 유혹을 받습니다.

개인들은 같은 상표의 신발, 가방, 휴대 전화, 옷을 가지고 다른 사람과 일체감을 느끼거나 성취감을 충족시킬 수 있습니다.

연예인은 일찍부터 대중문화의 기수가 되었습니다. 예를 들어, 1960년대 초 영국 출신의 그룹 비틀즈는 전 세계 젊은이의 인기를 끌었습니다.

명문가의 아들처럼 단정한 머리 모양과 옷차림을 한 비틀즈의 모습을 우상처럼 여기며 모방하는 젊은이가 늘었습니다.

오늘날 노래 실력이 뛰어난 가수도 소속사가 홍보를 많이 할수록 더 널리 인정을 받을 수 있습니다.

대중문화의 한가지인 민속 춤

미래형 컴퓨터를 착용한 모델

　이처럼 대중이 누리는 문화는 상품으로서의 성격을 가집니다. 현대 대중 사회가 개인의 다양한 욕구를 충족시키기 위해 소품종 대량 생산 체제에서 다품종 소량 생산 체제로 바뀌고 있으며 여기에도 자본의 치밀한 계산이 있습니다.

　대중문화는 대중 매체가 만들어 내는 것으로서, 모든 사람에게 영향을 미칩니다.

　따라서, 대중 매체를 기업가나 국가 권력이 독점하지 못하게 견제할 필요가 있으므로, 여러 시민 단체에서 방송이나 신문을 분석하여 올바른 방향을 제시하고 있습니다.

패션쇼를 선보이는 모델들

　오늘날 텔레비전은 가장 중요한 매체가 되었습니다.

　전 세계인들은 지구촌 곳곳에서 일어나는 소식을 텔레비전을 통해 가정에서 접할 수 있습니다.

　프랑스 파리에서 열리는 패션쇼가 실시간으로 지구 반대편에 방영되어 세계의 패션 유행을 만들어 나가는 선구적 역할을 하고 있습니다.

2002년 6월에는 한국과 일본에서 공동으로 열린 월드컵 축구 경기를 전 세계 사람들이 시청하며 열광하기도 했습니다.

4년마다 한 번씩 열리는 월드컵은 올림픽 대회와는 달리 프로 선수들도 참가하기 때문에 세계 최고 수준의 선수들이 펼치는 치열한 경기입니다.

2010년 6월 남아프리카 공화국에서 열린 월드컵 축구 경기에서도 마찬가지였습니다.

거인 나라 3m 축구공 월드컵 태극 전사들의 선전을 기원하는 대형 축구공이다.

2006년 독일 월드컵 대회에서 얼굴을 국기 모양으로 장식한 독일 응원단

일찍이 1960년대 초 미국 대통령 선거에서 텔레비전의 영향력을 확인할 수 있었습니다.

미국 대통령 후보로 나선 닉슨은 케네디보다 지지율이 높았습니다. 그러나 텔레비전 토론을 몇 차례 거듭할 때마다 케네디의 인기가 올랐고, 마침내 케네디가 대통령에 당선되었습니다.

2008년에는 미국 역사상 최초로 흑인 대통령인 오바마가 대통령에 당선되었습니다.

제44대 미국 대통령 취임 연설을 하는 오바마

막사를 검열하는 오바마

오바마는 인종적 편견, 복잡한 가정환경, 정체성 혼란 등 수많은 벽들을 뛰어넘고 스스로 변화와 희망의 상징이 된 오바마 대통령은 뛰어난 통찰력과 사람을 매료시키는 감동적인 연설, 폭발적인 카리스마로 전 세계인들의 주목을 받고 있습니다.

오늘날 텔레비전은 가장 중요한 매체가 되었습니다.

전 세계인은 텔레비전에서 미국 뉴욕 세계무역센터 쌍둥이 빌딩이 비행기 충돌 자살 테러로 무너지는 장면을 보면서 모두 눈을 의심하였습니다.

19명의 국제 테러리스트들이 4대의 미국 여객기를 납치하여 그중 3대가 뉴욕에 있는 세계무역센터 건물로 돌진하였고, 국방부 건물을 덮치며 폭발했습니다.

미국 뉴욕 세계무역센터 폭파 테러사건

＊테러리스트

　정치적인 목적에서 조직적이고 집단적으로 행해지는 암살, 고문, 추방, 대량 처형 등의 폭력 행위, 또는 그것을 수단으로 강압하려는 태도를 말한다.

　테러를 감행한 테러리스트＊들의 배후 인물로는 테러 조직 알 카에다를 이끌고 있는 오사마 빈 라덴이 지목되었습니다.

　미국 부시 대통령은 즉각 전 세계 자유 국가에 테러와의 전쟁에 동참해 줄 것을 촉구하였습니다.

세계무역센터의 원래 모습

911 사건의 폐허를 처리하는 뉴욕의 소방대원

그러나 미국의 공격 대상이 된 아프가니스탄의 메마른 땅을 파고 씨앗을 심는 순박한 사람들을 화면에서 보면서, 테러에 대한 응징은 필요하지만 죄 없는 사람의 희생이 따른다는 우려의 목소리가 울려 퍼졌습니다.

이처럼 텔레비전은 정보를 현장에서 가정까지 생생하게 전달하고 같은 생각을 만드는 데 이바지합니다.

테러 조직의 최고 지도자 오사마 빈 라덴
2011년 5월 오랜 추적 끝에 사살되었다.

폐허가 된 세계무역센터

각 분야에서 다양하게 사용하는 컴퓨터 인터넷

마이크로 소프트사의 로고

1969년 군사적 목적에서 출발하여, 눈부시게 발달한 인터넷은 2011년 현재, 10억이 넘는 인구를 엮어 주고 있습니다.

1991년에 월드 와이드 웹(WWW)이 개발된 후, 넷스케이프와 마이크로 소프트의 노력으로 인터넷은 더욱 쉽고 편리한 생활 정보 도구가 되었습니다.

우리는 인터넷으로 전자 우편(e-mail)을 주고받고, 인터넷으로 각종 신문과 방송을 보고 듣습니다. 그리고 필요하다면 토론에 참여하고 여론 형성에 한몫을 할 수도 있습니다.

또한, 전자 상거래와 은행 업무도 인터넷에서 빼놓을 수 없는 편리한 기능입니다. 인터넷은 우리 생활 속에 깊숙이 침투하여 생활 양식을 바꾸어 놓고 있는 것입니다.

교통 분야에서도 폭넓게 컴퓨터를 이용한다.

사상과 학문, 문학과 예술의 발달

20세기 들어 유럽의 사상과 철학에서 나타나는 가장 두드러진 특징은 반지성주의를 표방하고 있다는 점입니다. 이는 인간의 정신과 사회를 합리적으로 이해하고자 했던 19세기의 실존주의를 극복하려는 것입니다.

니체와 베르그송은 삶은 고정되어 있지 않고 항상 새로운 것을 창조하는 것이라는 삶의 철학을 주장하였습니다. 이들은 19세기에 팽배하였던 합리적·과학적 사고 방식에서 벗어나, 비합리적인 인간의 직관을 중시하였습니다.

독일 프랑크푸르트 뢰머 광장

실존주의는 삶의 철학의 뒤를 이어 제2차 세계 대전 후 문학과 예술 분야에까지 확대된 철학 사조였습니다.

실존주의는 절망과 불안, 그리고 허무와 부조리의 세계 안에서 현실 존재로 살고 있는 인간의 자유를 추구하였습니다.

미국에서는 실용주의가 널리 퍼졌습니다.

특히, 듀이는 정신의 과정을 시행착오의 과정으로 생각하였습니다. 듀이는 현실을 장애물에 의해서 방해를 받기도 하고, 때로는 오히려 분발하여 난관을 극복하기도 하는 것이라고 보았습니다.

실존주의 작가인 카뮈

미국의 센트럴파크

*프로이트

오스트리아의 신경과 의사이다. 빈 대학 의학부를 졸업하고 뇌의 해부학을 연구하였다.

파리에 가서 최면 요법으로 히스테리를 치료하는 방법을 연구한 뒤, 최면술 대신에 자유 연상적인 치료 방법을 개발하였다.

심리학에서는 프로이트*가 인간의 무의식과 잠재의식을 분석하여 인간의 비합리성을 강조하였습니다.

그는 인간의 행동이 무의식적 상태에서 본능적 충격으로부터 시작된다고 보았습니다. 이러한 프로이트의 정신 분석학은 의학, 심리학, 철학에 영향을 끼쳤습니다. 그의 정신 분석학은 인간의 정신 및 정신병 치료에 관한 이론인 동시에 문화와 사회를 해석하는 시각을 제공하는 이론입니다.

20세기의 문화

	인 명	나 라	주요 작품·일
문학	로맹 롤랑	프랑스	〈장 크리스토프〉
	앙드레 지드	프랑스	〈좁은 문〉
	토마스 만	독일	〈마의 산〉
	헤밍웨이	미국	〈무기여 잘 있거라〉
	스타인 벡	미국	〈분노의 포도〉
사상	야스퍼스	독일	실존 철학
	하이데거	독일	실존 철학
	사르트르	프랑스	실존주의 문학
	프로이트	오스트리아	정신 분석학
미술	마티스	프랑스	야수파
	피카소	에스파냐	큐비즘(입체파)
	달리	에스파냐	쉬르리얼리즘(초현실주의)
음악	드뷔시	프랑스	〈목신의 오후에의 전주곡〉
	라벨	프랑스	〈볼레로〉
	스트라빈스키	미국	〈불새〉
	하차투리안	소련	〈가이느〉
	쇼스타코비치	소련	〈혁명〉 교향곡
과학	라이트 형제	미국	첫 비행에 성공
	아인슈타인	독일	상대성 이론
	채드윅	영국	중성자의 발견

정신 분석학자인 프로이트

경제학에서는 케인스*가 수정 자본주의 이론을 제시하였습니다.

그는 완전 고용을 실현·유지하기 위해서는 소비와 투자, 즉 유효 수요를 확보하기 위한 정부의 공공 지출이 필요하다고 주장하였습니다.

케인스의 이러한 주장은 대공황 이후 미국 뉴딜 정책의 이론적 바탕이 되었습니다.

> **＊케인스**
> 영국의 경제학자이다. 제1차 세계 대전 후 영국 경제에 관심을 가져 〈화폐론〉, 〈고용, 이자 및 화폐의 일반 이론〉 등을 저술하였다.
> 이로써 '케인스 혁명'이라 부르는, 종래의 경제학에 일대 전환을 가져온 새로운 경제학 이론 체계가 수립되었다.

증권이 거래되는 증권 거래소

프랑스 종교 개혁자 칼뱅

사회학에서는 막스 베버가 사회 과학의 새로운 방법론을 제시하여 자본주의 구조를 사회적으로 밝히고자 하였습니다.

그는 근대 유럽에서의 자본주의의 발생을 칼뱅주의의 금욕과 근로에 힘쓰는 종교적 생활 태도와 관련지어 설명하고 있습니다.

프랑스의 종교 개혁자인 칼뱅은 그는 올바른 신앙은 성서에만 기초를 주어야 한다고 주장했으며, 직업을 신성한 것이라고 생각하여 검소 · 절약 · 근로를 존중하라고 권하였습니다.

로마 바티칸의 산피에트로 대성당

그리스 문명의 유산인 엘렉테이온 신전

　역사학에서는 슈펭글러와 토인비가 국가 민족을 뛰어넘은 문명을 역사학의 대상으로 삼았습니다.

　영국의 역사가이며 비평가인 토인비는 〈역사의 연구〉라는 책에서 그는 역사상의 여러 문명을 조사·비교·연구하고, 문명의 생성, 발전 과정, 붕괴 원인에 대한 설명을 통해 문명 형성의 일반 법칙을 세웠습니다.

　이 책은 예리한 역사론, 문명론으로 20세기 최고의 대작으로 꼽히고 있습니다.

삶의 철학 및 정신 분석학의 발달은 문학 작품에서도 인간 의식의 깊은 흐름을 탐구하게 만들었습니다. 조이스와 프로스트가 그 대표적인 예입니다.

또한, 두 차례에 걸친 세계 대전의 영향으로 인간의 존엄성을 그린 작품들도 많이 나왔습니다.

이러한 경향은 헤밍웨이와 포크너 등의 문학 작품에 잘 나타나 있습니다.

골든벨 상식

헤밍웨이

미국의 소설가이다. 제1차 세계 대전 때 이탈리아 전선에 종군하여 부상을 당한 뒤부터 소설을 썼다.

1926년, 소설 〈해는 또다시 떠오른다.〉를 써서 작가로서의 자리를 굳혔고, 1929년, 제1차 세계 대전 때의 경험을 바탕으로 한 전쟁 소설 〈무기여 잘 있거라〉 및 단편 소설들을 발표하면서, '잃어버린 세대'의 대표 작가로 주목받았다.

1937년에는 에스파냐 내란을 제재로 쓴 〈누구를 위하여 종은 울리나〉로 세계적인 대작가가 되었다. 1952년 〈노인과 바다〉로 퓰리처상을 받았고, 1954년에는 노벨 문학상을 받았다.

새로운 인간상을 그린 헤밍웨이

한편, 실존주의 철학의 영향을 받은 사르트르[*]와 카뮈도 작품 활동을 하였는데, 특히 카뮈는 부조리를 극복하려는 인간의 모습을 그렸습니다.

소련에서는 사회주의 리얼리즘의 문학 활동이 주류를 이루어 고리키가 프롤레타리아 문학을 대표하였습니다.

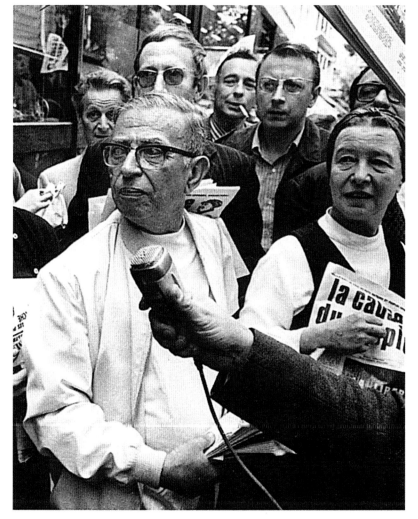

사르트르와 그의 부인 보부아르

미국의 작가 포크너

에스파냐의 초현실주의 화가 달리

*마티스
야수파(포비즘) 운동의 선봉에서 20세기 회화의 전환점을 마련하였다. 특히, 강렬하고 화사한 색채와 빛나는 화면 효과로 '삶의 기쁨'을 표현하였다.

미술 분야에서는 전통적인 미의식에서 벗어나 새로운 미를 창조하려는 경향이 나타났습니다.

20세기 전반에는 야수파의 마티스*, 입체의 피카소, 초현실주의의 달리 등이 새로운 화풍을 펼쳤습니다.

현대 음악의 길을 연 요한 슈트라우스

음악 분야에서도 스트라빈스키가 불협화음으로 전통적인 음악으로부터 벗어나고자 하였고, 시벨리우스와 쇼스타코비치도 다양한 현대 음악을 창조하였습니다.

피카소의 작품 '아비뇽의 아가씨들'

1906년 마티스의 자화상

88

현대 사회에서는 생활 영역이 다양화되고 교육 및 경제적 기회가 개방됨으로써 특권 계층이 누리던 전근대적 문화 대신 모든 사람이 즐길 수 있는 대중문화가 발달하게 되었습니다.

러시아의 작곡가 쇼스타코비치

러시아 출신의 미국 작곡가 스트라빈스키

핀란드의 작곡가 시벨리우스

특히, 대중 매체의 발달은 대중문화 발달에 크게 이바지하였습니다.

1920년대부터 라디오가 가정생활에 보급되면서 대중문화가 널리 전파되기 시작하였습니다.

그 후 영화와 텔레비전이 등장하여 문화의 대중화를 가속화시켰습니다.

또한, 1990년대 인터넷의 등장은 세계적 규모의 지식과 정보의 대중화를 가능하게 하였습니다.

1927년의 필코 라디오

에디슨이 1877년에 처음 만든 축음기

문화란 말의 유래가 생겨난 이탈리아의 로마

　그러나 대중문화는 개성을 무시하고 감각적인 욕구 충족을 위한 상업주의가 널리 퍼지는 문제점을 낳기도 하였습니다.

　특히, 대중은 대중 매체를 통해 전달되는 내용을 일방적으로 받아들이는 입장에 서게 되므로, 문화에 대해 수동적으로 대응할 수도 있습니다.

또한, 대중 매체의 발달로 선진국의 문화가 후진국에 무비판적으로 받아들여져 문화적으로 종속되는 것도 무시할 수 없는 문제입니다.

문화의 창조 문화는 인류의 창조적인 노력에 의해 오늘에 이어지고 미래로 연결된다.

세계사 부록

중국의 문화 대혁명

대약진 운동과 인민 공사가 실패하면서 마오쩌둥에 대한 비판이 일어나자, 그는 수정주의가 중국으로 확대되는 것을 막아야 한다고 주장하였다. 이 과정에서 그는 류사오치, 덩샤오핑 등 실권파를 공격하였는데, 이는 곧 마오쩌둥과 그의 반대파들 간의 정치 투쟁으로까지 확대되었다.

마오쩌둥은 홍위병을 조직하여 기존의 지식인이나 문화를 부르주아적이라고 공격하였다. 그 결과, 중국 공산당과 정부의 통치 기능은 현저히 저하되었다.

톈안먼 광장의 문화 혁명 퍼레이드

베트남의 통일

1968년부터 미국과 베트남 사이에 시작된 베트남 평화 교섭은 마침내 결실을 맺게 되었다. 1973년 1월, 미국, 남베트남, 북베트남, 임시 혁명 정부 등의 대표가 참석한 파리 회담에서 베트남 전쟁의 중지와 평화 회복에 관한 내용을 담은 협정이 조인되었다.

사이공 시의 해방

그러나 남베트남 정부군과 해방 전선군의 싸움은 계속되었고, 북베트남군도 해방 전선군을 지원하였다. 남베트남 정부군은 미국으로부터 무기 원조를 받았지만, 계속 패배하였다.

남베트남 정부는 마침내 1975년에 쓰러졌고, 1976년에 북베트남에 의해 통일되어 베트남 사회주의 공화국이 세워졌다.

아폴로 11호의 달 착륙

1969년 7월 20일 오전 11시 56분, 암스트롱 선장과 조종사 올드린을 태운 아폴로 11호가 달 표면에 내려앉았다. 암스트롱은 달에 발을 내디디면서 "이것은 비록 한 사람의 작은 발자국이지만, 인류 발전을 위한 커다란 비약이다."라는 말을 남겼다.

세계 최초의 우주 비행사인 가가린

우주 비행은 1957년 소련의 스푸트니크 1호가 지구 궤도를 도는 데 성공한 것으로부터 시작되었다.

그리고 1961년 소련의 가가린은 보스토크 1호를 타고 지구 궤도를 도는 데 성공함으로써 최초로 우주를 여행한 인간이 되었다.

그러자 미국도 머큐리 계획에 의해 인간의 우주 비행을 성공시켰다. 이처럼 우주 시대의 선두가 되기 위한 두 나라의 경쟁은 끊임없이 계속되었고, 마침내 달을 정복하는 데 성공했던 것이다.

대중 매체의 발달

대중 매체란 사람들을 정하지 않고 많은 사람들에게 정보를 전해 주는 수단을 말한다. 텔레비전이나 신문, 잡지, 영화, 인터넷과 같은 수단 또는 기술을 가리킨다. 특히 신문이나 방송은 정치, 경제, 문화 같은 사회의 모든 분야에서 일어나는 각종 사건과 정보를 전달하는 보도 기능을 하며, 사회의 여론 형성에도 큰 영향을 끼치기 때문에 매스컴이라고도 한다.

대중 매체인 인터넷

대중 매체는 세계가 근대화하고 산업화, 도시화하면서 정보량이 늘이니고 이러한 정보를 신속하게 받아들여, 빠르게 변하는 사회에 적응하고자 하는 사회적 필요에 따라 발전했다.

1968   체코슬로바키아, '프라하의 봄'이 시작됨.
        미국, 인권 운동가 루터 킹 목사 암살됨.

1969   아랍, 레바논군과 아랍 게릴라의 충돌이 격화됨.
        파타하(팔레스타인 해방 운동)가
        팔레스타인 해방 기구(PLO)에 참여함.
        (파타하를 조직한 아라파트가 의장에 오름).
        우주선 아폴로 11호 발사에 성공하여 인류 최초로
        달 표면에 착륙함(암스트롱, 올드린, 콜린스 탑승).

마오쩌둥의 관

1970   미국의 닉슨 대통령, 평화 3개 원칙을 내용으로
        하는 닉슨 독트린을 발표함.
        캄보디아의 시아누크, 왕국 민족 연합 정부를 설립함.

1972   이집트의 사다트 대통령, 이집트 내에서
        소련 군사 고문단을 추방하기로 결정함.

1973   미국의 닉슨 대통령, 워터게이트 사건으로 곤경에 처함.

1974   소련, 반체제 작가 솔제니친의 시민권을 박탈하고 추방함.

1975   영국의 대처, 보수당 당수에 선출됨.
        미국의 포드 대통령, 베이징을 방문하여
        정상 회담을 가짐.

석유 수출국 기구(OPEC) 총회

1976   중국, 마오쩌둥 사망함.

1978   미국, 캠프데이비드에서 미국, 이집트,
        이스라엘 수뇌가 중동 평화 회담을 가짐.
        교황청, 요한 바오로 2세가 로마 교황에 즉위함.

1979   아랍, 석유 수출국 기구(OPEC) 총회에서
        유가를 평균 59퍼센트 인상함.
        영국 보수당의 대처, 첫 여성 수상으로 취임함.

인류 최초의 달 착륙

1980   이란과 이라크, 무력 충돌이 벌어진 후 전면전에
        돌입함(이란 · 이라크 전쟁).

1981   이집트의 사다트 대통령, 군대 사열 중 총격받고 사망함.

1983   필리핀의 베니그노 아키노, 미국 망명을 끝내고
        귀국 도중에 마닐라 공항에서 피격받고 사망함.

1984   인도의 인디라 간디 수상, 시크교도 경호원에 의해 피살됨.
        미국의 레이건, 대통령 선거에서 압승을 거두고 재선됨.

1986	한국, 서울 아시안 게임 개최
	미국, 우주 왕복선 챌린저호가 발사 후 공중 폭발을 일으킴.
1987	칠레, 피노체트 군사 독재 정권에 대한 반정부 시위가 격화됨.
1988	한국, 1988년 올림픽 개최.
1989	중국, 민주화를 요구하며 천안문 광장을 점거하고 있던 시위대를
	군이 무력으로 진압함(톈안먼 사건).
	동독, 베를린 장벽을 포함한 모든 국경을 공식 개방함
1991	이라크, 페르시아 만 전쟁(걸프 전쟁)이 일어남.
	소련, 11개 공화국이 소련 해체와 독립 국가 연합 창설에 서명함.
1993	남아프리카 공화국, 의회에서 신헌법안을 승인하여
	3세기 이상 지속된 백인 지배 체제에 종지부를 찍음.
1994	팔레스타인 해방 기구(PLO)의 의장 아라파트,
	1990년 걸프 전쟁 이후 처음으로
	사우디아라비아를 방문하여 파드 왕과 회담을 가짐.
	러시아의 옐친 대통령, 미국을 방문하여
	클린턴 대통령과 정상 회담을 갖고 유럽 안보 문제 등을 논의함.
1995	미국의 마이크로소프트사,
	'윈도 95'를 출시하여 큰 반향을 일으킴.
1997	국제 연합, 유엔 본부에서 세계 170개국 정상들이
	참석한 가운데 환경 특별 총회를 개최함.
	영국의 다이애나 왕세자비, 교통사고로 사망함.
1999	유럽, 유럽 11개국 단일 통화인 '유로'가 공식 출범함.
	마카오, 중국에 반환됨.
2001	미국 세계 무역 센터와 펜타곤에 비행기 자살 테러가 발생함.
2002	처음으로 FIFA 월드컵을 한국과 일본에서 공동 개최함.
2008	베이징에서 국제 올림픽 대회 열림.
	미국에서 첫 흑인 대통령 오바마 탄생.
2010	한국 서울에서 G20 정상 회의가 개최됨.
2011	테러리스트 빈 라덴 사살됨.
	리비아의 독재 정권 무너지고 카다피 사살됨.
	한국 대구세계육상대회 개최.
	김정일 사망함.

베를린 장벽의 일부

오바마 미국 대통령

G20 정상 회의

김정일의 관

(1968~2011년)

'철의 여인'으로 불린 대처(1925~   )

영국의 정치가이다. 1975년, 영국에서는 처음으로 보수당 여성 당수
가 되어 그 능력을 인정받았다. 1979년의 총선거에서는 노동당의 캘
러헌 전 수상을 누르고 영국 정치사상 처음으로 여성 당수, 수상이
되었다. 재임 기간 동안 소련에 대한 강경 외교와 자유주의적 자본
주의 부활을 이념으로 삼아 활약하였다.

유럽

아시아

아프리카

인도양

오스트레일리아

남아프리카 공화국의
희망의 별 만델라 대통령

용감한 프라하의 시민들

1968년 1월, 두브체크(1921~1992년)는 소련의 위성국인 체코슬로바키아 공화
당 제1서기장에 취임했다. 이후, 그는 '인간의 얼굴을 한 사회주의'라는 구호를
내걸고, 검열의 폐지 등 자유화 정책을 추진했다. 그러나 이러한 움직임을 사
회주의 진영의 결속을 방해하는 것으로 간주한 소련은 8월 20일 전차를 거느
리고 수도 프라하에 침공, 시민들의 저항을 제압했다. '프라하의 봄'으로 불리
는 자유화의 움직임은 이렇듯 소련에 의해 무자비하게 짓밟혔다.

북아메리카

평양

대서양

남아메리카

홍위병의 행진
중국 문화 혁명의 추진력이 되었던 남녀 청소년 조직이다. 전국의 중·고·대학생으로 조직되었으며, 마오쩌둥 사상의 학습과 문화 혁명의 추진을 목적으로 활발한 활동을 전개하였다.
1966년 8월, 팔에 '홍위병'이란 붉은 완장을 차고 천안문 광장에 모여 문화 혁명을 경축하는 집회를 가짐으로써 홍위병 조직이 정식으로 선포되었다.

흑인 해방 운동의 지도자인 루터 킹(1929~1968년)
미국의 흑인 해방 운동의 지도자이며 목사이다. 인종 차별의 중심지인 앨라배마 주의 몽고메리 교회에 부임한 이래 인종 차별 반대 운동을 벌이며 미국의 흑인을 지도하다가 몇 차례나 옥살이를 했다. 1963년 워싱턴에서 20만 명이 동원된 인종 차별 반대 집회를 지도하여 민권 법안 통과의 계기를 만들었으며, 흑인들의 정신적 기둥으로 추앙받았다. 1964년 노벨 평화상을 받았다.

〈세계사 이야기〉관련 홈페이지

골말의 역사 교실 http://history.new21.net

공자를 찾아서 http://nagizibe.com.ne.kr

김제훈의 역사가 좋아요 www.historylove.com

대영 박물관 www.thebritishmuseum.ac.uk

독일 정보 www.nobelmann.com

러시아 우주 과학회 www.rssi.ru

루브르 박물관 www.louvre.fr

링컨(백악관) www.whitehouse.gov/history/presidents/al16.html

메트로폴리탄 미술관 www.metmuseum.org

버지니아 대학 도서관 http://etext.virginia.edu/jefferson

사이버 스쿨버스 www.cyberschoolbus.un.org

서양 미술 사학회 www.awah.or.kr

소창 박물관 www. sochang.net

영국의 왕실 공식 사이트 www.royal.gov.uk

유엔(UN) www.un.org

이슬람 소개 www.islamkorea.com

인도의 독립 운동가 간디를 소개하는 사이트 http://mkgandhi.org

정재천의 함께하는 사회 교실 http://yuksa.new21.org

제1차 세계 대전의 원인, 주요 전투, 관련 인물, 연대표 수록

http://firstworldwar.com

주한 독일 문화원 www.gothe.de/seoul

주한 중국 문화원 www.cccseoul.org

주한 프랑스 문화원 www.france.co.kr

중국의 어제와 오늘 www.chinabang.co.kr

차석찬의 역사 창고 http://mtcha.com.ne.kr

한국 서양사 학회 http://www.westernhistory.or.kr

한국 셰익스피어 학회 www.sakorea.or.kr

한국 프랑스 사학회 http://frenchhistory.co.kr